8 让孩子自己承担后果

- 合作负担费用
- 修补损坏的物品
- 弥补对别人造成的损失

让孩子自己承受很行为带来的后果，弥补自己造成的损失

9 行为计划

也叫"行为矫正""代币疗法"

- ⭐ 选择一个行为
- ⭐ 激励孩子
- 跟孩子说明他该做什么
- 限定计划实施的时间
- 留出休息时间
- 用图表方式表达成就
- 设定奖励机制

7 系统性忽略

孩子的目的
- 改变家长决定
- 吸引家长注意力

家长做法
- 不给予孩子任何关注
- 离事发地远一点
- 该做什么做什么
- 孩子冷静后，家长不再提刚发生的事

6

5 剥夺

- **剥夺物品**
  - 零花钱
  - 玩具
  - 游戏机
  - 零食
  - 手机

- **剥夺活动**
  - 某个地方
  - 某个节目
  - 不准出去玩

注意！
- 某些物品和活动不可以被剥夺
- 适当控制时间才有效

如何让孩子学会遵守纪律

4个最适合家长采取的约束措施！

请扫码听语音解读

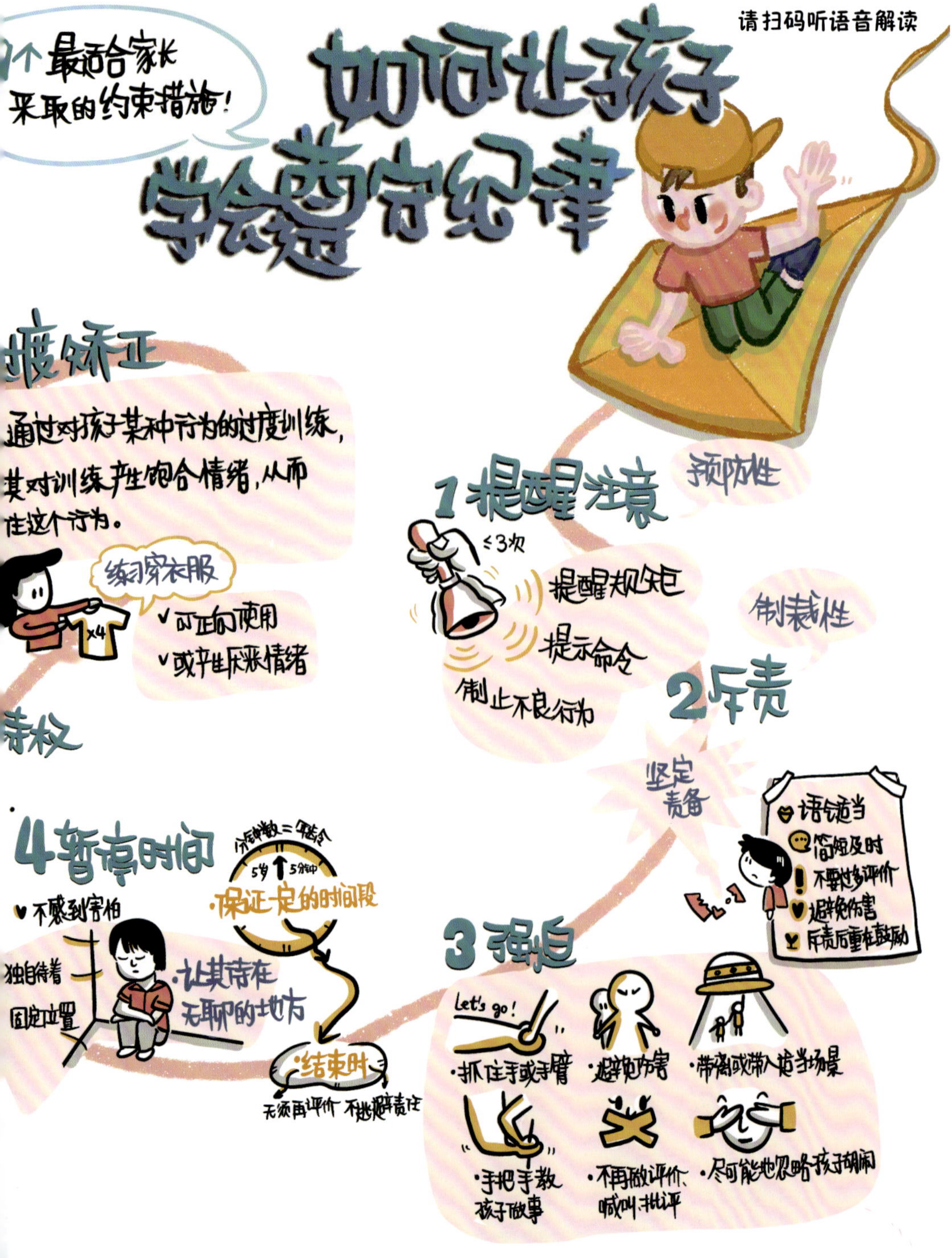

疲倦正

通过对孩子某种行为的过度训练，其对训练产生厌倦情绪，从而住这个行为。

- 练习穿衣服 ×4
- ✓ 可正向使用
- ✓ 或产生厌恶情绪

1 提醒注意 —— 预防性

≤3次
- 提醒规矩
- 提示命令
- 制止不良行为

2 斥责 —— 制裁性

坚定责备

- 语气适当
- 简短及时
- 不要过多评价
- 避免伤害
- 斥责后重新鼓励

3 强迫

- 抓住手或手臂
- 避免伤害
- 带离或带入适当场景
- 手把手教孩子做事
- 不再做评价、喊叫、批评
- 尽可能地忽略孩子胡闹

Let's go!

4 暂停时间

分钟数=年龄
5岁 = 5分钟

- 不感到害怕
- 独自待着固定位置
- 保证一定的时间段
- 让其待在无聊的地方
- 结束时：无须再评价，不挑避责任

第五堂课

如何让孩子学会遵守纪律

[西]赫苏斯·哈尔克·加西亚 ◎ 著 张曦 ◎ 译

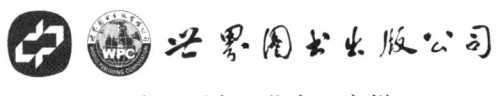

世界图书出版公司

上海·西安·北京·广州

图书在版编目（CIP）数据

解决孩子成长难题的八堂国际训练课. 第五堂课：如何让孩子学会遵守纪律／（西）赫苏斯·哈尔克·加西亚著；张曦译. — 上海：上海世界图书出版公司，2020.6

ISBN 978-7-5192-7315-6

Ⅰ.①解… Ⅱ.①赫… ②张… Ⅲ.①儿童教育–家庭教育 Ⅳ.① G782

中国版本图书馆 CIP 数据核字（2020）第 032676 号

Edition © 2018 Editorial Sol90, Barcelona
Chinese Edition © 2020 granted exclusively to Beijing Qianqiu Zhiye Publishing Co. Ltd. by Editorial Sol90, Barcelona, Spain.
www.sol90.com
All Rights Reserved.
Rights licensing arranged by Zonesbridge Agency
www.zonesbridge.com

书　　名	第五堂课·如何让孩子学会遵守纪律 Di-wu Tang Ke · Ruhe Rang Haizi Xuehui Zunshou Jilü
著　　者	［西］赫苏斯·哈尔克·加西亚
译　　者	张　曦
责任编辑	吴柯茜
出版发行	上海世界图书出版公司
地　　址	上海市广中路 88 号 9-10 楼
邮　　编	200083
网　　址	http://www.wpcsh.com
经　　销	新华书店
印　　刷	天津丰富彩艺印刷有限公司
开　　本	787 mm × 1092 mm　1/16
印　　张	7
字　　数	97 千字
版　　次	2020 年 6 月第 1 版　2020 年 6 月第 1 次印刷
版权登记	图字 09-2019-1132 号
书　　号	ISBN 978-7-5192-7315-6/ G · 613
定　　价	25.00 元

版权所有　翻印必究
如发现印装质量问题，请拨打售后服务电话
（010-82838515）

目录

第一章　简介
2 / 本书介绍
3 / 本书的目标

第二章　教育方面的约束措施
6 / 约束措施的重要性
7 / 约束措施的特点
10 / 那些不可以做的事
12 / 关于如何正确使用这些措施的建议
15 / 需要避免的常见错误

第三章　提醒注意
20 / 定义
21 / 怎样提醒孩子？

第四章　斥责
26 / 定义
27 / 斥责的目的
28 / 怎样斥责孩子？

第五章　强迫

32 / 定义

33 / 如何进行强迫？

第六章　暂停时间

36 / 定义

37 / 怎样使用暂停时间？

39 / 本措施适用的情况

40 / 常见错误

第七章　剥夺特权

44 / 定义

44 / 可以剥夺哪些特权？

46 / 要剥夺多久？

47 / 针对不同年龄孩子的建议

第八章　过度矫正

50 / 适用于哪些情况？

51 / 该怎么做？

第九章　系统性忽略

56 / 定义

56 / 如何忽略？

第十章　让孩子自己承担后果

60 / 定义

61 / 如何使用该措施？

第十一章　行为计划

66 / 定义

68 / 如何制订和实施？

70 / 此外……

72 / 常见错误

第十二章　结论

74 / 总结

74 / 想要了解更多

第十三章　家长提问

78 / 家长提问

第十四章　问题集

100 / 针对家长约束措施的评估

参考书目

105 / 参考书目

第一章

简 介

本书介绍

本书为"解决孩子成长难题的八堂国际训练课"系列丛书中的一本。

本书与本套丛书中另外两本——《第二堂课·如何正确纠正孩子的不良行为》和《第八堂课·孩子不听话，该怎么办》一同组成了本套丛书中的核心教育方法三部曲。这些教育方法在家长教育子女过程中具有十分重要的参考意义。

本书旨在帮助家长们了解并掌握一些必要的措施来应对如下情况：

当孩子不遵守规矩并且越界时；

当其他措施效果一般时；

当孩子出现不恰当行为时。

本书中所提供的约束措施适用于3到12岁的儿童。家长可在下列所有与教育子女相关的情况下使用这些措施：

孩子不听话的时候；

孩子有问题行为的时候；

孩子闹脾气的时候；

孩子有敌对心理的时候；

在培养孩子自主性、饮食习惯以及睡眠习惯的时候；

孩子与他人相处的时候；

当孩子在学校的表现不佳的时候。

本书的目标

约束孩子的措施有很多,但我们选择的措施一般符合以下两点:

被大部分专家和青少年教育领域的权威广泛认可;

在家庭环境下易于非专业人员操作。

通过阅读本书,我们希望家长们可以达成以下目标:

了解哪些具体措施适用于自己的孩子;

了解这些措施的基本特点;

学会判断每种措施适合在什么情况下使用;

学会正确使用每一个措施,将它们的特点与实际情况相结合;

总体上改善家长的教育方式。

本书力求以具体和实用的方式回答以下问题:

什么是约束措施?

孩子不守规矩或者表现出不良行为时,家长应该采取哪些措施?

采取这些措施分别需要哪些条件?

这些措施怎样具体实施？在何种情况下实施？实施时长是多久？

在什么情况下选择这些措施？

措施使用时的常见错误。

本书分为14个章节来展开探讨本话题。我们将在第二章集中说明这些约束措施所扮演的角色以及它们的一些基本特点。

从第三章开始，我们将对这些措施和策略进行逐一详细的说明：这些措施指的是什么、如何实施这些措施、在哪些情况下我们建议您采用它们，以及这些约束措施使用时可能出现的一些常见性错误。

本书的最后包含一个实践章节，用来进一步说明与本书相关的常见疑问，并给出上述措施的实操场景。

第二章

教育方面的约束措施

约束措施的重要性

约束措施在教育子女方面的重要性主要源于以下几点。

1. 积极有效的措施往往不足以解决问题

的确,诸如家长将正确行为直接教给孩子、给孩子树立榜样或者表扬孩子的正确行为等积极的教育方法往往并不足以使孩子变得守规矩、做好他们应该做的事并表现得言行恰当。

> 我们给儿子定了规矩,但是他不遵守规矩,我们该怎么做?

这个时候,家长就有必要采取其他措施了。

2. 让孩子记住不良行为会造成不好的后果

通过本书中所说的措施,我们希望孩子能够明白不良行为会带来不好的后果。

3. 正确的措施能够在消除不良行为的同时巩固那些积极的行为

这些约束措施还可以起到教育孩子并改善孩子行为的作用。家长在帮助孩子消除不良行为的同时,还可以通过这些措施巩固孩子的正确行为。

约束措施的特点

本书论述的约束措施具有一系列的特点和条件,家长在采用这些措施的时候应当注意这些特点并符合这些条件。

1.约束的初衷在于教育

我们建议家长实施约束措施的目的并不是让孩子吃苦受罪。这种情况虽然时有发生,但并非约束的初衷,只是一种结果。我们的目的是教育孩子,改善孩子的行为,帮助他在社会中更好地生活。但是,纠正孩子往往意味着不满足他任性的要求,会导致孩子产生不适感。

2.约束对于孩子是一种信号

我们为您推荐的措施对于孩子来说也是一种提示信号,这种信号告诉他:你已经越界了,你现在的表现是不正确的。

3.约束措施应当与积极的措施搭配使用

约束措施通常并不能直接给孩子示范恰当的表现是什么样的,只有当我们将它与积极的教育策略相结合时,它的效果才会最大化。家长将正确行为直接教给孩子、给孩子树立榜样和表扬孩子的正确行为等在上文中提到的策略都是积极的策略。

家长在帮助孩子消除不良行为的同时也应该教他们正确的行为方式。

4. 应当持续并系统地采取措施

当孩子表现出不良行为时，家长不应该时而采取措施，时而视而不见，这种朝令夕改的教育方式会导致孩子不知所措。

5. 约束措施的效果取决于家长的重视程度

这些约束措施是否有效，取决于家长对它们的重视程度，而不仅仅是它们会让孩子多难受或家长使用这些措施的时间长短。

对孩子来说，同样的行为既可以是奖励，也可以是约束。这一切都取决于家长赋予这些行为的意义。我们来看下面这个例子。

> 海梅5岁了。他的父母这几天正在教他如何独立并正确地吃饭。今天他把饭菜都吃光了，勺子也用得很好。
>
> 见此，他的父母一起表扬道："非常好，海梅。你今天吃得真好，棒极了！"
>
> 这时，爸爸边走向妈妈边当着海梅的面对妈妈说道："安娜，我认为今天儿子也可以帮你收拾桌子。"
>
> "我同意，今天他会来帮助我们收拾桌子的。"妈妈回答道。
>
> 随后海梅高兴地与爸爸妈妈一起收拾了桌子。

> 我同意,今天宝贝会帮我们收拾桌子。

在上述案例中,孩子把"收拾桌子"理解为一种奖励。下面我们来看另一则案例。

> 阿尔贝托今年也5岁了。他在饭桌上非常不听话,不仅自己不吃饭,还打扰他的妹妹吃饭并且故意把桌子弄得很脏。
> 吃完饭,父母对他说:"今天你表现得太不乖了,你不帮我们收拾好桌子就不可以去看电视。"

如上文所示,同一种行为对于孩子来说既可以是一种"奖励",也可以是一种"约束措施"。这完全取决于家长赋予它的意义。

总结一下,约束措施的特点如下:

约束的初衷在于教育;

约束对于孩子是一种信号;

约束措施应当与积极的措施搭配使用;

应当持续并系统地采取措施;

约束措施的效果取决于家长的重视程度。

那些不可以做的事

我们已经提供了一些关于在采用约束措施限度方面的建议。家长为了使这些措施有效，必须注意适度原则。这是家长们必须遵守的条件。

1. 不可以将这些措施与无条件的行为联系起来

我们不可以将这些措施与家长应该做的、无条件的行为关联起来，比如情感、沟通以及孩子最基本的情感需求。所以，家长永远不可以使用下列方式：

> "放开我，我不再爱你了。"
> "别再跟我说话。"
> "你再这样的话，我就不爱你了。"
> "明天你一整天都没得吃。"

2.不要将这些措施与我们看重的好习惯相关联

我们也不可以将这些约束措施与那些我们重视的好习惯相关联,比如学习、睡觉、食物。

所以也请家长不要对孩子采取如下的方式。

"你这么干了,就要去学习!"

"这样不对!现在马上去床上睡觉!"

"因为你打扰了弟弟,所以今天你只能吃蔬菜!"

这些不良的措施会让孩子认为,家长原本想让他学会的好行为是一种惩罚或者是一件坏事。也就是说,家长通过这种方式实际上告诉他们的是学习、上床睡觉或者吃蔬菜在本质上是不好的事情,是他们必须去做、去承受的。

3.被禁止的措施

有一些措施是不允许在任何情况下使用。

让孩子置身于一个会使他恐慌的环境,比如关在小黑屋里;

在没有家长监护的情况下将孩子置身于有风险的情况,比如把孩子独自留在车里;

做出伤害孩子尊严的言行，比如对孩子说"你要是敢尿床，我就告诉你所有的朋友"；

做出伤害孩子的感情或者对孩子的自尊意味着持续损害的行为，比如对孩子强调他是个坏孩子，很没用，什么忙也帮不上；

当然，还有任何含有暴力行为的措施。

总之，对孩子采取约束措施要遵循适度的原则：

不可以将这些措施与无条件行为联系起来；

不要将这些措施与我们看重的好习惯相关联；

不会对孩子的心理、身体和道德方面造成明显的伤害。

关于如何正确使用这些措施的建议

为了能够正确地使用上面提到的约束措施，家长必须参考我们在下面给出的一般性建议。

1.措施要与孩子的问题相匹配

家长们采取的措施应当是与孩子的行为问题相匹配的。对于较轻的行为问题，家长们采取的措施就应该比对那些严重的行为问题采取的柔和些。

2.措施要切实可行

在本书中，我们会为家长们提供一系列的约束措施。家长在选择约束措施的时候，应当首先选择那些切合实际的措施来付诸实施，即那些家长和孩子都可以做到的。

一项措施如果不符合这个条件，那么很可能就是不可行的。比如，对于很多家长来说，让孩子一个月不看电视可能行不通。然而，如果我们将这个期限缩短成一个下午，对于孩子来说就靠谱多了。

你一个月不准看电视。

3.要提前制订措施

> "当孩子让我非常暴躁或者失去耐心的时候，我经常会想出一些惩罚措施，可当我冷静下来后，我承认我当时的想法有点过分而且也不可行。所以我就不得不酌情减轻这些惩罚措施。"

家长应当提前考虑好一些可能出现的情况相对应的措施，这样在生气或者激动的时候就不会临时想出一些不靠谱的惩罚措施，然后因为自己根本做不到而后悔，以致最终无法实施自己早前制订的措施了。

4.采取措施要及时

家长应该在孩子出现行为问题时就立即行动,尽快采取约束措施。如果家长在事情过去很久后再采取措施,则不会起到任何效果,因为这时孩子已经忘记他做过些什么了。家长采取的措施并不一定是一些执行起来花费很长时间的措施。接下来我们来看一些反面的例子。

明年你没有圣诞礼物。

?

"妈妈,给我买个冰激凌吧。"孩子央求道。

"不行。"母亲拒绝道。

"为什么?"

"因为你上周对妹妹做了那件事。"

5.要经常改变措施

家长应当经常改变约束措施,尤其是那些频繁使用的措施,或者轮流使用它们。因为长期使用同一个措施会使孩子很容易适应它,从而导致这个措施失效。

6.需要结合积极的措施使用

上述措施只有在与能够加强孩子正确行为的积极的措施一起使用时

方能发挥效用。比如,将约束措施与表扬孩子、关注孩子好的行为或者直接教孩子正确的行为等措施一起使用。

所以,当家长采用约束措施时应当注意以下几点:

措施要与孩子的问题相匹配;

措施要切实可行;

要提前制订措施;

采取措施要及时;

要经常改变措施;

需要结合积极的措施使用。

需要避免的常见错误

当家长采取约束措施的时候往往会出现一系列的错误。为保证措施的有效性，家长应当特别注意避免犯以下这些错误。

1.不要徒劳地威胁

家长最好不要用一些明知道自己做不到的事情来要挟孩子，因为这样一来，孩子就会觉得家长口中的话是不会兑现的，家长也因此会在孩子面前失信。

> 要是你继续这样的话，我们就不带你去海滩了。

2.应当说到做到

家长应当履行自己的承诺，但很多家长都在孩子面前失信过。这个错误是他们在教育孩子的过程中经常出现的，会导致非常消极的后果。

在一开始的时候，家长这样做只会让孩子感到困惑，但是最终会导致约束措施失去作用，并且这种后果往往不可逆。到时，家长重新建立有效的措施体系会很难。

3.避免授权给别人

不可以让别人来采取约束措施，比如您的伴侣。

这么做的原因有以下两点：其一，这样做会削弱我们自己的权威性；其二，这样做也意味着我们将制裁者的角色拱手相让。

等你爸爸来了,我要告你的状。

总 结

关于在教育孩子的过程中扮演重要角色的约束措施的内容,包括其重要性、特点、不可以采取的措施、采取措施时的注意事项以及需要避免的常见的错误。

在后面的章节中我们将为大家详细讲解这些约束措施。

第 三 章

提醒注意

定义

接下来我们开始为大家介绍常用的约束措施,先从最常用的也是最简单的一个措施入手——提醒注意。

我们来看下面的例子。

> 巴布罗的妈妈说道:"我希望你能好好坐着。"
> "别再打扰你哥哥了。"劳拉的爸爸说道。
> 一位妈妈说:"别到那上面去玩,不然你会后悔的。"
> 另一位爸爸说:"别再玩电脑了,过来吃饭。"

所有这些例子都属于提醒注意。提醒注意主要是指家长通过通知、命令和提醒的方式把规矩或者孩子不能越过的行为底线告诉他。它可以用来预防孩子的不良行为("别到那上面去玩,不然你会后悔的"),提醒规矩("我希望你能好好坐着"),提示命令("别再玩电脑了,过来吃饭"),或者制止一个不良行为("别再打扰你哥哥了")。

怎样提醒孩子？

家长们在提醒孩子注意的时候要注意以下几点。

1. 使用适当的语调

最理想的语调是在不大喊大叫的同时表现得坚定而有信心。

有时候，家长们提醒孩子的语调过于温柔，以至于起不到提示作用。

> 在一家服装店里，一个小男孩正在把衣架上的衣服都扔到地上。他的妈妈看到这种情况，一边继续摆弄着自己心仪的那件裙子，一边轻声细语地对孩子说道："宝贝，这样做不对。快停下来。"

宝贝，这样做不好。
快停下来。

2.孩子每次出现不良行为时，家长都应该提醒他

有些家长经常默许孩子的一些不良行为，比如不守规矩、打扰其他人。面对孩子的这些行为，家长总是沉默着。

只要孩子的行为不恰当，家长就必须立刻提醒他。

家长如果容忍这些行为就等于在告诉孩子——他的做法是被允许的，他以后也可以这样做。

> 一对兄弟在沙滩上不停地玩着"沙子战争"。他们玩得很高兴，可却给周围的人造成了困扰。他们的家长却在旁边悠闲地读着报纸，什么也不说，让在场的人瞠目结舌。

3.不要滥用约束措施

一位母亲说道：

> "我必须叫他20遍，他才会理我。"

对于孩子的同一个行为，家长提醒的次数应当是有限的。在实操中，提醒次数原则上不应该超过3次。如果提醒无效，家长可以采取其他措施。

如果家长提醒孩子注意的次数是无限的，孩子就会习惯家长的提醒。这些提醒在他们听起来就像是背景音乐一样，得不到他们的重视。

当然，面对一些好动的孩子，家长的提醒次数应该相对多一些。因为他们的活动会频繁地改变。

4.尽可能给孩子指出正确的行为

通常来讲,家长提醒孩子时,都是想要告诉他不要做某事。

> "你别大声说话""太吵了""别再那么做了"……

在这种情况下,家长更有效的做法是把孩子叫过来并且告诉他正确的做法,要告诉孩子具体该怎样做。

> "你小点声说话。"爸爸低声说道。

一个小男孩儿在餐厅里很不安分,不停地跑来跑去。这时,他的爸爸对他说:

> "奥斯卡,你来,再给爸爸画一幅你在家里画得特别好看的那种画吧,像是有烟囱和树木的。"

> 奥斯卡，来。给我画一幅上次你画得特别好看的那种画吧，像是有烟囱还有树的。

5. 提前告知后果

如果家长提前将孩子的行为可能导致的好或不好的结果都告诉他的话，提醒注意的效果可能会更好。

> "再打扰你哥哥，就去站墙角。"
>
> "你起来的话，到站就给你买冷饮。"

总之，提醒注意是家长可以采用的第一个措施。

第四章

斥 责

定义

第二个约束措施就是很多家长会经常使用的斥责。下面我们来看看该如何正确地使用这个措施。

布兰卡今年4岁，正跟着她父母走在街上。突然她撒开父母的手自己跑了起来。在她正要穿过马路的时候，她的父母及时追上了她。

这时，妈妈非常生气地告诉她："你这么做太危险了，下次不要再这样了，你不要再松开手自己跑了。"

妈妈继续说道："如果在你过马路的时候，正好过来一辆汽车把你撞了，你会受很严重的伤。在马路上，你必须拉着我们的手。等我们到了公园，你才可以自己跑。"

说完这些话他们继续走着，妈妈没有再说些什么。

如果在你过马路的时候，正好过来一辆车把你撞了，你会受很严重的伤。

在马路上，你必须拉着我们的手。到了公园里，你就可以自己跑了。

斥责是指当孩子出现了不正确的行为时，家长用一种坚定的方式责备孩子。

斥责与提醒的最大区别在于，提醒通常是预防性的，而斥责一般都是制裁性的。

这是一个比较坚决的措施，可以和其他措施搭配使用。

斥责的目的

当孩子的行为出现问题时，斥责是家长必须采取的一个措施。

但当那些"大小孩"的行为明显不正确时，经常出现的一幕是他们的家长甚至完全不考虑采取斥责这个措施。

> 胡利奥上6年级。如今这个学年又成了一场灾难，他什么都没有学，挂科数目也达到了5门。
>
> 他的父母对此却一言不发。

通过斥责我们希望能够达到以下目的：

明确告诉孩子他的行为是非常不正确的；

告诉孩子不要再犯同样的错误；

让孩子明白他的所作所为会带来什么后果，包括给家长和自己带来的后果；

也要告诉孩子我们希望他下次怎样做，或者告诉孩子该如何改正这次的错误。

怎样斥责孩子？

家长在斥责孩子的时候可以参考以下建议。

1. 语气要恰当

即便是斥责，家长也需要以一个适当的口吻来表达，不要大喊大叫。同时家长的语气中应当表达出坚决和确定。这并不是家长对孩子表现亲切的时候。

2. 内容要简短

斥责的内容不适宜长篇大论。只要斥责的内容足够清晰和具体，斥责就会更加坚定且有效。

3. 要尽可能及时

斥责孩子的最佳时机是在孩子不良行为发生后，且要满足两个条件：一是不要当着众人或者不相干的人的面；二是家长已经准备好严肃起来了。

如果当时无法满足这两个条件，我们建议延后一些时间再说，但在原则上是越早进行效果越好的。

4.不要过多地评价

一旦家长批评过孩子的某个问题,就不应该再提到这个话题来继续"撕开伤口",因为这样对于改善孩子的行为并无帮助。

5.避免伤害

斥责的内容不可包含贬低孩子人格的话语和伤害性的评价,内容要对事不对人。家长告诉孩子"你刚刚做的事情我认为非常不好"要远好于对他说"你是个坏孩子"。

6.斥责过后重在鼓励

家长不应该再次讨论孩子在同一件事上的行为,斥责过后,家长唯一可以说的话只能有一个主题:鼓励孩子下次做出正确的行为。

> 弗吉尼亚在第一次考试中挂了4门课。因为她把大部分时间和精力都浪费在了玩电脑上,什么都没学到。她的父母好好斥责了她一通,还没收了她的电脑。
>
> 她已经连续好几天都在自己房间里写2个小时作业了。
>
> 这天晚上在睡觉前,她爸爸对她说:"我看到你好好学习了,我和妈妈感到非常欣慰。"

看到你在学习,我和妈妈都很欣慰。

总之，斥责是家长应该使用的第二大约束措施，在斥责孩子时，家长应当注意：

语气要恰当；

内容要简短；

要尽可能及时；

不要过多地评价；

避免伤害；

斥责过后重在鼓励。

第 五 章

强 迫

定义

在有些情况下，孩子会拒绝、逃避家长要求他做的事，即便家长命令或提醒，他们也都无动于衷。

这时，家长就需要强迫孩子去做你们要求他做的事。

> 诺伊利亚今年5岁。爸爸妈妈已经无数次劝她该离开公园回家了，可她还是抓住秋千不放。

跟孩子讲道理或者等孩子理会你们的说教并非次次奏效。在这种情况下家长无须多言，强迫他做该做的就好。

这个措施适用于下列场景。

孩子经家长一再提醒，仍坚持拒绝服从他们的指令。

> 起床时间到了，父母应强行把孩子叫起来。
> 如果提醒了3次后孩子还是没来吃饭，妈妈则可以直接过去把孩子拉过来。

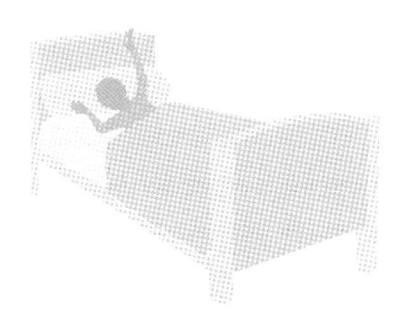

孩子拒绝履行他的义务，比如拒绝做一些对他有益处的事或者与其安全相关的事：上学、洗澡、睡觉、系上安全带……

但是，在一些情况下家长却不适合强迫孩子。比如，当孩子不想吃饭时不要去强迫他，这时家长应该使用其他方式。也可以设想一下，如果孩子怕水，那么家长就不应该强迫他在浴池中泡澡。因为这种强迫会让孩子毫无安全感。

如何进行强迫？

若家长决定强迫孩子，应该按照以下步骤进行：

抓住孩子的手或者手臂，同时避免对孩子造成伤害，将他带离或者带入适当的场景中。

有些时候需要手把手地教他做事。

> 胡安霍不想收拾玩具。这时他的妈妈拉起他的手，手把手地教他把玩具一个一个收拾起来。

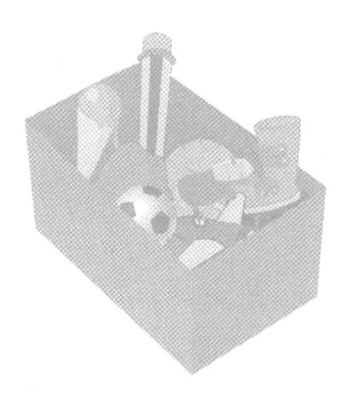

此时，家长不应该再做评价，向孩子喊叫或者批评孩子。

在强迫孩子的时候，家长应当尽可能地忽略他的胡闹。

本项措施可以与其他措施结合使用，比如我们接下来将要看到的暂停时间和剥夺特权。

第六章

暂停时间

定义

接下来我们将继续为大家介绍我们的约束措施。下面我们说到的这个措施,如果使用得当的话将会是最有效的措施之一。它就是暂停时间。

这个措施的别名有"角落罚站"或者"反思之椅"。

暂停时间主要指的是家长将孩子带离冲突现场或状况一段时间,以此让他们暂时不去关注某件事。

我们来看下面的案例。

米盖尔7岁了,他的妹妹索尼娅5岁。此时,他俩正在厮打。他们在玩洋娃娃而且两个人都想要同一个。于是兄妹俩开始互相拉扯并且喊叫起来。米盖尔因为比妹妹强壮,一把把妹妹推倒在地,抢走了洋娃娃。妹妹也不甘示弱,一把抓住了哥哥的头发。

此时,他们的父母闻讯赶来。

"你俩又打架了?"爸爸生气地问道。

"米盖尔你去厨房,坐到那把椅子上,直到我叫你离开。"父亲坚定地命令道。

"索尼娅你去餐厅,也坐在椅子上。"

兄妹俩不情愿地坐到了自己的椅子上。

然后,爸爸会过去确认,看看他们是不是乖乖地坐着,发现他们既没说话,也没看电视。因为那里没有任何让他们娱乐的东西。但是爸爸没有说他们。

过了几分钟,爸爸先让妹妹离开,然后再过一会儿,也让米盖尔起来了。

此时,他们的爸爸并没有再说什么,只是把那些玩具都收了起来，暂时不让他们再玩了。

怎样使用暂停时间？

这个措施很管用，但是家长在使用的时候应当注意以下几点简单的规则。

1.要让孩子待在一个无聊的地方

家长应该把孩子带到一个无聊的地方，那里不能有任何可以供他娱乐的东西，比如电视、玩具、画笔……总之，孩子在那里什么都做不了。

但是这个地方不能让孩子感到害怕。因此，一个黑暗的房间并不适合。

孩子应该独自待在那里，不可以有家长或者其他人陪着，但是家长可以在旁边时不时地监督一下。

此处最好是家中一个固定的地方。家长在厨房里放一把小椅子或许是一个不错的选择。

2.要保证一定的时间段

使用暂停时间措施时，要保证一定的时间段。作为参考，可以让孩子待上与他年龄相等的分钟数，也就是说，如果孩子5岁，就让他待上5

分钟。

如果家长多次使用这个措施，孩子会记住大概罚多久，他就会自觉地在那里待上那么久。在其他情况下，家长也可以使用钟表来计时。

3.在结束的时候

当暂停时间结束时，家长过去告诉孩子可以离开了即可，不需要再就孩子的行为做出什么评价。这里很重要的一点是，不要让暂停时间成为孩子逃避责任的借口。

> 当伊莎贝尔的妈妈要求她收好玩具过去吃饭的时候，小姑娘开始不停地抱怨起来。当没法跟她讲道理时，妈妈决定使用暂停时间的措施。
>
> 当暂停时间结束时，妈妈严肃地再次要求伊莎贝尔收拾好房间里散落一地的玩具后再来吃饭。

孩子如果拒绝去您指定的地方或者刚到那里就溜了。这种情况下，家长应该这样处理：

强迫他待在那里。如果他不愿意，家长就要把孩子拉过去，并且无视他的哭闹。

如果孩子到了那里后又跑掉了，家长需要再次把他带过去并且告诉他，作为惩罚，要加1分钟时间。

如果孩子再次溜掉，家长还可以再加1分钟时间，但是最多只能增加2分钟时间。如果他还要跑，家长需要陪着他待在那里直到他安静下来，并且之后需要采取另一个措施剥夺特权。

务必保证孩子遵守这个规矩，否则这个规矩将失去作用。

本措施适用的情况

这一措施对于以下情形效果显著：

孩子以吸引家长注意力为目的的不良行为，比如淘气、叫喊、招惹兄弟（姐妹）……

必须立即终止孩子的不良行为以及那些跟孩子讲道理行不通的情况，比如打兄弟（姐妹）。

若孩子能提前预知家长会采取这个措施的话，这个措施在长期内会更有效。

这个措施在很多地点都可以使用，家以外的地方也可以。如果家长要在公共场所使用这个措施，可以随手找一个适合暂停时间的地方。

在公园时，家长可以让孩子坐在公园的长凳上。

在餐厅时，家长可以带孩子去外面、将他留在前台或者在家长监控之中的门口某处，但是一定要尽量装作无视他。

在购物中心时，家长也可以把孩子带到任何一个满足条件的地点，当然是在我们监控之中的安全地点。

但是家长只能在有限的几类情形下使用这个措施，不应该滥用它。如果家长动不动就使用这一措施，孩子就会适应它，这一措施就会失去作用。

作为参考，家长一天内使用这个措施不应该超过3次。如果这对孩子来说不够，家长可以把这个措施和其他措施结合使用。

该措施适用于本书涉及的年龄阶段的所有孩子，即3到12岁的孩子。

常见错误

家长们在使用这个措施的时候往往会犯一些常见的错误，这些错误会导致这一措施失效，所以应当避免这些错误。

1. 不控制时间

第一个常见的错误就是家长在使用这个措施时不注意控制时间,每次的时间长短都不一样。

还有些家长忘记了孩子,导致孩子在一边待得太久了。这时孩子会主动过来问是否可以重新回来玩游戏。甚至有时候因为太无聊,孩子会坐着睡着。

惩罚的时间必须短,并且永远是一样的。如果可能的话,家长最好让孩子熟悉这个时长。正如我们前面所讲的,暂停时间的分钟数和孩子年龄相符即可。

2. 选择的地点并不无聊

另外一个常见的错误是,家长让孩子待的地方并非真的无聊,比如他的房间。在那里,孩子可以想玩什么就玩什么,所以此时的暂停时间措施毫无效用。

3. 过分关注孩子

在家长采取这个措施时,家长不应关注孩子。因为这正是我们采取这一措施的目的。如果孩子哭闹或者叫家长,家长应该忽视。这个措施的核心在于撤销关注。

暂停时间是我们在这套丛书中反复提起的措施之一。我们在本章为各位家长讲解了其定义、操作方法和适用情况以及我们使用该措施时的一些常见错误。

第七章

剥夺特权

定义

剥夺特权也是一个被家长们广泛采用的措施,若使用得当,该措施会产生很好的效果。

该措施包括家长暂时性地剥夺对孩子具有一定吸引力或者他喜欢的某项活动或者某件物品。

这个措施适用于下列情况:

孩子不遵守规矩和不履行责任;

兄弟姐妹间的冲突;

与其他措施结合使用,如"强迫""斥责"或者"暂停时间"。

正如我们上面所讲的所有措施,其效果也取决于一系列简单的规则。

可以剥夺哪些特权?

以便家长能够正确地使用本措施,我们建议您:

被剥夺的特权应当与您需要消除或者纠正的行为相关,如果一个小女孩没有遵守打游戏的时间表,那么她将失去的特权自然就是玩电子游戏;

如果可能,尽量让孩子事先了解什么行为会让他失去哪些特权;

被剥夺的特权也需要时常变换，以免孩子习以为常。

任何物品或者活动都可以作为特权被剥夺。我们来看几个例子。

1. 剥夺物品

任何孩子感兴趣的物品都可以成为这一措施的使用对象：

他的零花钱；

某件他很喜爱的玩具；

自行车；

游戏机；

电脑；

手机；

零食。

2. 剥夺活动

家长也可以通过剥夺孩子感兴趣的活动来使用该措施：

不准他看电视或者某个节目；

不准他去某个地方；

不准他出家门；

不准他去玩；

不准他去游泳；

不准他使用家里的某个空间；

不准他和宠物玩耍；

不准他跟爸爸一起做某件事，比如洗车。

当然，有一些活动和物品是不可以作为特权被剥夺的。如：
吃饭或者睡觉；
学习资料；
去上学；
跟父母说话；
某个可以帮助他入眠的物品，比如毛绒玩具。

要剥夺多久？

在使用剥夺特权这一措施的时候最容易出现的错误就是家长不适当地控制时间。

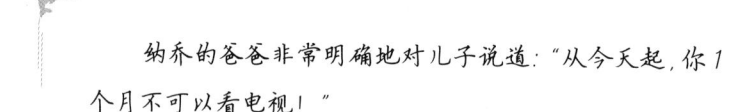

> 纳乔的爸爸非常明确地对儿子说道："从今天起，你1个月不可以看电视！"

长时间的剥夺不会比短期的更有效，并且往往会完全失去效果。其原因有以下几方面。

这通常是不可行的，因为让孩子坚持1个月不看电视很难。

孩子会习惯没有这样东西或者不做这个活动，然后就不再惦记着它了。如果家长没收一个8岁孩子的自行车，很可能在4到5天以后，他就已经习惯没有自行车了。

如果这个措施是不可行的或者不靠谱的，那么家长最终就会改变自己的决定，并且会在这一措施中失去权威性。

因此，对于我们所讨论的这个年龄的孩子来说，最有效的方式就是在短时间内剥夺他的某项特权，通常一天之内的一个时段即可（一个下午或者一个早上）。这样不仅有效，而且对于孩子或者家长来说是同样可行的。

有时，对于稍大一点的孩子（10到12岁的孩子），家长可以在周末的某一天或者整个周末剥夺他的特权。

针对不同年龄孩子的建议

正如前面提到的措施，家长们也应当根据自己孩子的年龄来采取恰当的措施。

一些家长总是问我们到底应该剥夺孩子的哪些特权以及每次应该剥夺多久，这一切都取决于您孩子的年龄。

我们的建议如下：
3到8岁的孩子
对于3到8岁的孩子来说，最有效的剥夺时间为一个下午或者一个早上，不可以再久了。

对于这些孩子来说，没收他们的玩具、零食，不让他们看动画片，不让他们跟宠物玩是更有效的手段。

以下行为是不可取的：不让孩子去公园或者出门玩耍。因为在很大程度上这些是孩子必需的活动。在这种情况下，家长可以没收孩子与这个行为相关的物品。比如，下午他可以去公园，但是不可以带皮球。

9到12岁的孩子

对于处在这个年龄段的孩子来说，最有效的剥夺时间仍旧是一天中的某个时段。在某些情况下，可以是周末的某一天、整个周末，或者对于某些特殊的活动或物品剥夺时间可以更长一些。

我们可以试想，一个学习效率低下的孩子，他把大部分精力都投入到打游戏中了。在这种情况下，家长就需要把孩子玩游戏的时间剥夺半个学期（约3个月）。

此外，家长可以剥夺他们的一部分零花钱（如果有的话），以及使用电脑、手机的时间和玩电子游戏或者跟朋友出去玩的时间。

第八章

过度矫正

适用于哪些情况？

过度矫正属于约束措施中的一个，可以应用在以下两种情况。

1. 用于培养正确的行为

这一措施主要用于家长帮助孩子掌握或者基本掌握正确的行为，但是这样做并不是因为孩子懒惰、追求舒适或者缺乏注意力。

这个措施可以用于下列情况。

穿衣服慢的孩子。

由于懒惰而不整理自己物品的孩子：不收拾、不打扫房间、不整理床铺……

不遵从家长要求养成习惯的孩子：不洗手、不帮忙摆放餐具……

忘记自己物品或事情的孩子：忘穿外套、忘带课本、忘带午餐……

2. 用于消除不好的行为

这一措施也可以用来消除孩子的某些不正确的行为，如下面的情形所示。

不正确的行为包括在家里乱跳、大喊大叫、打断别人的话自己去小便、往地上扔东西……

必须限制的一些习惯和行为：赖床、沉迷于游戏……

该怎么做？

过度矫正是惩罚治疗的一种，家长通过对孩子某种行为的过度训练让孩子对这个训练产生饱和情绪，从而使孩子记住这个行为。此措施可以正向使用，也可以让孩子对不正确的行为产生厌恶情绪。

无论哪种情况，过度矫正都会使孩子为了避免过多的训练而改变其行为。

我们来看下面的例子。

> 丹尼每天早上穿衣服都拖拖拉拉，为了赶时间，最后几乎每次都由他的父母给他穿好衣服。
>
> 他的父母决定对他使用新的措施。
>
> 今天他又不想自己穿衣服，想要他父母帮他穿。
>
> 他父母告诉他，他们会教他穿衣服的。等到丹尼下午放学回家，他父母对他说："儿子，咱们来练习穿衣服，这样你早上就不会迟到了。"
>
> 然后他父母就强迫他自己穿好裤子，然后是T恤，接下来是毛衣，重复了4次。
>
> 丹尼当然不乐意，并且大声哭闹起来，但是他父母的态度依旧很坚决。
>
> 从此，丹尼每天早上都会努力自己穿衣服，为了不用在下午回家后再没完没了地练习。

> 儿子,咱们要练习自己穿衣服,这样你早上就不会迟到了。

在这种情况下,孩子学会了自己穿衣服,但并不是因为偷懒或者追求舒适才这样做的。

这样,在早上的时候,孩子会争取一次性把衣服穿好以避免下午重复训练。现在我们再看看别的家长是怎样使用这个措施的。

桑德拉今年9岁,到了起床的时候总是喜欢赖床。她很享受在床上多躺一会儿,所以她的父母不得不强迫她起床。

当然,桑德拉的父母也想到了这个措施,决定试一试。

这个周六,她的父母并没有让她起床。只有在上厕所的时候才允许她离开床。就这样,小姑娘在床上一直待到了晚上。

不论她怎么抱怨怎么哭闹,都只能待在床上,吃饭也在床上,除此之外什么都做不了。

然后,她的父母警告她说如果下次她还不按时起床,还会这样做。

这里的过度矫正在于不断重复不正确的行为直到让孩子产生厌恶感。有时孩子会拒绝,所以家长要坚决地强迫他们去做,并且要无视他们的抱怨。

佩德罗忘记把脏衣服丢到篮子里了。他的妈妈开始训练他:先让他把房间里的脏衣篮清空,然后再把脏衣服一件一件都放回去,这样重复3遍。

到了第三次的时候,佩德罗不想继续了。妈妈对他说:"佩德罗,你得学会把脏衣服放进这个篮子里,所以需要反复训练才不会忘记做这件事。"

"我已经累了,我不想再做了。"佩德罗不耐烦地说道。

但是妈妈强迫他继续,让他一件一件地把衣服从篮子里拿出来,然后再手把手地教他放回篮子里,这样不断地重复直到训练结束。

第九章

系统性忽略

定义

　　家长试图矫正或消除孩子的不良行为大都是孩子为了吸引家长的注意力才这么做的。

　　系统性忽略旨在让孩子无法达到这个目的，从而使他的不良行为慢慢消失。

　　这一措施就是当孩子出现不良行为时，家长不给予他任何关注。

　　这一约束措施对于消除孩子想要通过不良行为改变家长决定或者吸引家长注意力的情况，是很有效果的。

　　这一措施能发挥最大效用的场景就是孩子闹脾气的时候。因为孩子闹脾气往往不是为了改变家长的决定，就是为了博得他们的关注。

如何忽略？

　　我们来看下面的案例。

玛丽娜今年5岁。她已经和父母在集市上逛了很久。他们已经玩了很多游戏，吃了晚饭和很多糖果……现在到了该回家的时候了。

当他们正要离开的时候，玛丽娜突然闹着要吃棉花糖。她的父母告诉她已经很晚了，并且今天已经吃了很多甜食了。然后，玛丽娜就大闹了起来。

她的父母决定忽略她。所以他们头也不回地继续往前走，这时，玛丽娜已经被落下几米远了。

玛丽娜被留在了原地。那里很嘈杂，她知道她的父母听不到她的哭闹声。所以她站起来去追他们。一追上父母，她就立刻哭了起来。

而此时她的父母还聊着他们自己的事情，甚至都没有看孩子一眼。

妈妈向女儿伸出手示意她拉住，然后他们继续走着聊着，就像什么事都没发生过一样。

最后，玛丽娜终于不再哭闹了，赶了上来，一家三口一起向家走去。

当玛丽娜冷静下来后，父母问她哪个游戏是今天她最喜欢的游戏，没有再提棉花糖的事情。

为了让这个措施达到最大的效果，家长们需要注意以下几点：

（1）不应该给予孩子任何的关注：不要看他，也不要跟他讲话或者生气。家长做出的任何反应都有可能使孩子的哭闹延长。

（2）离开事发地或者至少离远一点。当家长这样做的时候，通常孩子都会跟着家长，因为他需要继续吸引家长的注意力。

（3）家长该做什么就继续做什么，当作什么都没发生，或者也可以自言自语。

（4）当孩子已经不再闹脾气的时候——例如他冷静下来后——家长见到他时就不要再提起任何刚刚发生的事情。

当然，在某些情况下家长是不可以使用这个措施的——尤其是当孩子的行为给其他人造成伤害或者困扰的时候，或者是当孩子自身的安全存在隐患的时候。

如果孩子打了他的兄弟（姐妹），虽然这也是为了博取家长的关注，但是家长不可以无视这个行为。在这种情况下，家长必须使用其他方法来处理。

第十章

让孩子自己承担后果

定义

到现在我们已经为各位讲解了7个基础的约束措施，它们分别是提醒注意、斥责、强迫、暂停时间、剥夺特权、过度矫正和系统性忽略。

现在我们来看第8个约束措施——让孩子自己承担后果，我们认为这个约束措施非常"自然"。它的主要作用是让孩子自己承受那些不良行为所带来的后果，并弥补自己造成的损失。

有些家长过度宠爱自己的孩子，他们常常会替孩子承担因孩子的不良行为而造成的后果。

"这个月我感觉糟透了。"一位妈妈跟她的同事抱怨道。

"我的女儿又开始玩手机了，我的工资几乎都给她交电话费了。这个月我又不能买那个特别喜欢的包包了。"

事实上这是一个非常有效的方法，尤其是对8岁以上的孩子来说。因为他们其实已经完全可以承担由于自己的不良行为所带来的损失了。

只要孩子的行为造成的损失是还可以弥补的，家长就可以使用这个措施。这些损失可能是孩子故意造成的，也可能是孩子无意间造成的。

> 这已经是这个季度他父母给他买的第三件外套了。
> 这孩子总是把外套落在别处。

可能有时孩子无法独立弥补造成的损失，但就算是这样，孩子也要承受一些与之相关的后果。

我们比较推荐家长在以下情况使用该措施：

孩子不好好使用物品，无意地损坏、打破或者丢失物品；

由于孩子缺乏责任心导致客观的经济损失，例如过度使用手机造成的资费超额；

伤害别人或者损坏别人的物品。

如何使用该措施？

通常来讲，如果孩子们不承担后果的话，这些情况会再次出现：令人抓狂的电话费、总是弄丢外套……他们会继续打电话，家长也会一件接一件地给孩子买新的外套……

如果总是由家长来为孩子承担后果,孩子永远不会明白这一切意味着什么。

所以,这个措施的核心是:需要孩子自己来承受自己的行为带来的后果。具体来说,可以通过以下方式。

1. 合作负担费用

当孩子的不良行为破坏或者丢失了自己的或者家里的物品时,或者由于其不负责的行为有意或无意地增加了开销时,最常见的处理方式就是让孩子从他的储蓄或者零花钱里拿出一部分来负担这笔费用,至少孩子要在自己的能力范围内负担一部分费用。

> 12岁的纳乔性格很不好。今天他的电脑死机了,然后他就恼羞成怒地用力敲打键盘,把键盘敲坏了,所以他必须用自己的零花钱来买一个新的键盘。
>
> 还有,他的父母告诉他,他不仅要自己去买键盘而且还要找人来帮他安装。

当然,如果孩子是不小心弄坏键盘或者键盘坏了是由于长期使用的正常损耗的话,这个措施就不适用了。

2.修补损坏的物品

> 贝尔纳多用粉笔在地板上画满了画。这时，他需要帮忙来清理地板。

当孩子做了弄脏地板、拆分玩具、弄乱屋子等"破坏"时，补救这个情况往往是让孩子来承受后果的最常见的手段，比如清理弄脏了的地方、修好弄坏的物品、整理……

3.弥补对别人造成的损失

当孩子对别人造成了伤害，家长应当教孩子去主动弥补给别人带来的伤害。这是让他对自己的行为负责的最好方式。

如果孩子损坏了别人的物品，孩子需要自己去替换或者修理那个被损坏的物品。如果孩子对别人进行谩骂或者人身攻击，需要让他学会向别人道歉并请求别人的原谅。

第十一章

行为计划

定义

最后,我们为各位家长推荐一个需要付出更多精力的措施——行为计划,在解决孩子行为的顽固问题时尤为有效。

在专业领域,人们称它为"行为矫正"或者"代币疗法"等。

然而,鉴于一般家庭的条件有限,在家里我们无法控制那么多的变量,而且家庭成员也并不都是专业人员,所以,我们将这个措施进行了改进,使它能够在家中实施。

为了使大家能够更好地理解这个方法,我们来看下面这个例子。

> 卡洛斯8岁了,他的父母已经对他非常无奈了。
>
> 这个孩子做什么事都非常拖沓:早上起来从不自己穿好衣服,早饭吃起来没完没了,作业也是做一个下午也做不完……
>
> 于是,他的父母决定采用"行为计划"这个方法。
>
> 他们选择了卡洛斯的一个最典型的行为作为计划的开端。那就是卡洛斯总是需要非常久的时间来穿好衣服。他还有其他的行为问题,或许比穿衣服更糟糕,但是他的父母还是决定从他这个行为入手。
>
> 这一天,他父母对他说道:
>
> "卡洛斯,从现在开始你要表现得像个大孩子一样。所以需要证明给我们看,你可以自己快速地穿好衣服、按时吃完早饭,也可以不迟到。"
>
> "早上起来我们会给你用CD(激光唱盘)播放两首歌曲,你必须在这两首歌结束前穿好衣服。"
>
> 这两首歌会持续8分钟左右。

卡洛斯的父母继续说道："每当你按时完成一件事，我们就给你画一个微笑的太阳，它会提醒我们你在进步。我们来看看你一共可以获得多少个太阳吧！"

当卡洛斯获得了3、7、12、18个太阳的时候，他可以在下面的选项中任意选择一个作为奖励：陪爸爸一起去洗车、帮助妈妈准备食物、租借一部电影或者跟爸爸妈妈一起骑车……

第二天，卡洛斯的父母把他叫起来，洗漱完以后，他们提醒卡洛斯应该在两首歌的时间内穿好衣服。

然而，卡洛斯并没有按时穿好衣服。接下来的一天也是如此。

到了第三天，他的父母决定给他再加一首歌曲的时间。这次，在3首歌时间内，卡洛斯终于自己穿好了衣服。

20天过去了，卡洛斯进步显著，几乎每次都能在约定时间内穿好衣服，虽然偶尔会慢一点。

随后，卡洛斯的父母决定在这个活动上不再奖励他"太阳"了，因为接下来他们准备把"奖励太阳"用在其他的行为上。

如何制订和实施？

卡洛斯的故事就是一个典型的行为计划。这个措施对于小一点的孩子非常有效，比如3到8岁的孩子。当然，这个措施也完全可以帮助家长让孩子巩固他的好习惯。

家长需要按照下面的步骤来进行。

1.选择一个行为

家长应该选择孩子的一个行为作为整个计划的开始，不要试图一次针对很多行为。

家长在选择第一个行为的时候，应该尽量客观地选择那个对于孩子来说相对可行的行为。

2.激励孩子

家长应该激励孩子，给他提出一些积极、有益的目标，而不是告诉他某种惩罚或者威胁。下面这个表达很有效："从现在开始爸爸妈妈要教你做一个大孩子……"

3.跟孩子说明他该做些什么

家长要尽可能明确具体地给孩子说明他要做什么以及如何去做。

同时，家长也要跟孩子明确他是否完成这个行为的考量标准。在卡洛斯的案例中即"在3首歌时间内穿好衣服"。

4.用图表方式表达成就

家长可以用一副精美图表作为日历同时体现出孩子的成长。每当孩子达到了家长的期望，家长就表扬他，并且要让他知道他做得对。

一旦孩子完成了既定目标，家长就要在当天给他画一个"小太阳"或者其他简单的图形。

如果孩子没有达到家长的要求，家长就什么也不要给他画，但是家长也不可以把之前画的擦掉。

5.设定奖励机制

孩子可以在获得 3、7、12 和 18 个"小太阳"时得到相应的奖励。

家长要尽可能地让孩子知道他还差多少个"小太阳"就可以得到一个奖励。

奖励不要单一,要给孩子多个选项,让他自己从中选择。

我们比较推荐的奖励是跟家长一起的活动,而不是单纯给孩子买个物质性的奖品。

关于奖励,卡洛斯的故事中不乏这样的例子:

陪着父母一起骑车;

陪爸爸去洗车;

帮助妈妈准备食物;

租借一部电影和父母一起看。

6. 限制计划实施的时间

对于3到5岁的孩子，这个计划实施两周即可。对于6到8岁的孩子，这个计划可以进行3周。就算最后没有明显的效果，也尽量不要超过这个时间的限制。

我们不建议对年龄小的孩子长时间使用这个措施。对于6到8岁的孩子，如果这个措施效果显著家长可以再延长一周的时间，但是不可以更久了。

7. 给孩子留出休息时间

在家长实施行为计划后要给孩子留出数周的休息时间，这期间内切勿再使用这个计划纠正孩子的其他行为。

数周过后，家长可以再次使用这个方法来纠正孩子的其他行为，就算之前的那个行为还没有得到明显的改善也不可以再次纠正它了。

此外……

如果家长选择了一个高频的行为，家长最好刚开始只在一天内的某个时段使用这个计划，然后慢慢地再延伸到全天。

> 文森特和蒙采是姐弟俩，姐姐蒙采5岁了，弟弟3岁。他们经常打架。父母决定用"小太阳"来奖励午饭期间礼貌对待对方的孩子。慢慢地，父母逐渐把时段延伸至洗澡和晚饭时……

对于孩子的其他行不良为家长要采取不同的措施，但是其他行为不可以影响孩子在计划中获得的成就。

> 卡洛斯的父母只会在日历上标记哪天卡洛斯按时穿好衣服。像卡洛斯不按时吃早饭或者把课本忘在家这类不良行为并不会被记录在正在进行的计划当中。

常见错误

家长在实施行为计划时常常会出现以下错误，应当注意避免。

1.一个计划同时针对很多行为

家长应该避免同时把很多行为列在计划内。家长需要耐心地逐一解决这些问题。

2.没有跟孩子说清楚应该做什么

有时家长会在计划中向孩子提出一些过于"概括"或者"抽象"的要求，比如"要乖""要有教养"或者"做个好孩子"之类的话。家长在这个计划中的要求应该尽可能客观和具体。

3.计划实施时间过久

另外一个常见的错误就是实施计划的时间超过了2周或3周。如果这个计划实施的时间过久，就起不到激励孩子的作用了。家长必须遵守时间限制和每个计划之间的"休息时间"。

4.因为孩子的一些行为扣分

最后一个常见错误就是因为孩子的不良行为给孩子倒扣分，无论是针对计划内的行为还是计划外的行为家长都不可以这样做。

这个计划旨在通过积分记录孩子的进步。获得的分数不可以因为孩子的某些不良行为而被扣掉。

第十二章

结 论

总结

在讲完上面的行为计划后我们已经为大家讲解完全部的基础约束措施。

在本书中我们已经为各位家长讲解了那些最重要也是最适合家庭环境下的约束措施：

提醒注意；

斥责；

强迫；

暂停时间；

剥夺特权；

过度矫正；

系统性忽略；

让孩子自己承担后果；

行为计划。

我们就每一个方法为各位家长解释了该如何应用，该措施适合用的情况以及应用这些措施时的注意事项。

同时，我们也强调了这些约束措施对于教育孩子的重要性以及那些需要家长注意的方面。

当家长把约束措施与其他的基础教育措施相结合的时候，就成功掌握教育3到12岁孩子的"秘籍"了。

想要了解更多

对于那些想要深入了解关于这些教育孩子的措施和实践的家长，我们诚心地邀请您在接下来的篇章中继续跟随我们一起学习。

同时我们也建议您阅读我们"解决孩子成长难题的八堂国际训练课"丛书中的其他书,这套丛书可以解决您的很多困难和疑问。其中每一本书中都针对孩子的不同情况给出了最切实可行的解决方案。

　　最后,我们衷心希望本书已经为您解答了心中的疑问并且满足了您的需求。

　　现在,请跟随我们在接下来的实践章节完善学习吧!

第十三章

家长提问

家长提问

在本章我们会针对家长们采用本书建议的约束措施时产生的疑问和问题,结合实际场景对其进行解答和澄清。

采取约束措施会不会伤害孩子的自尊心?

如果家长以正确的方式严格按照我们的建议来采用这些约束措施的话,并不会对孩子的自尊心造成伤害或者影响。

但是,很多家长在采用这些措施时经常出现一些错误。若这些错误反复出现的话势必会对孩子的自尊心造成伤害。

采取措施不按章法,缺乏连贯性。

措施与孩子的行为并不对等。

家长采用的方法伤害孩子的尊严:在言语上贬低孩子、当着别人的面羞辱孩子或者对孩子进行人身攻击。

对孩子采取的措施基于父母应尽的义务:威胁孩子会抛弃他、告诉孩子不再爱他了……

家长在制定惩罚措施的时候会失去理智，有时会为了发泄情绪而滥用权力。

家长只是采用约束措施却不结合积极的措施，比如表扬或者关注孩子的好行为。

> 我觉得在不喊叫又保持严肃的情况下用适当的语调教育孩子太困难了。我甚至开始质疑是否真的有父母能做到这一点？这真的能做到吗？

我们理解也承认保持这种态度是不容易的。我们一直以来也告诫家长教育孩子从来就不是一件简单舒服的事情。

但是，这种处理方式是能够让我们的教育手段产生最大效用的方式。您可以思考一下下面这种情况。

一个妈妈朝孩子大喊道："我告诉过你了，不要大喊！"

虽然妈妈的态度可以理解，不过我们不得不承认她是言行不一的。

对于这位家长的问题，我们的回答是"可以的"，家长当然可以用严肃和恰当的语调来采取我们的教育措施。同样，家长在一些其他场合也需要以适当的语调说话，而非大声喊叫。同时，家长也需要对孩子严厉。

那些家长之所以能成功做到不以喊叫教育孩子，是因为明白这种适当的教育方式对于教育他们的孩子来说是多么重要。

无论怎样，为了帮助您做到这一点，我们给您两点建议。

首先，不要等到最后的时刻再去想措施，家长要尽量预想到各种情况和针对这些情况可能采取的措施。如果家长等到气急败坏的时候再去决定怎样惩罚孩子，一定会比在冷静的时候想出的措施更令人难以接受。

其次，请把约束措施和积极的措施结合使用，比如将正确行为直接教给孩子，为孩子树立榜样以及表扬孩子的好行为。这样孩子的不良行为会得到改变，那些问题情况自然会减少。

> 我受够提醒我女儿了，常常要因为她不同的行为反复提醒她好多次。我应该怎样做？

提醒注意是一个很有用的措施，但是这不代表家长可以滥用这个措施，因为它的效用也是有限的。

您应该这么做：

（1）首先思考一下，孩子的那些行为是不是都需要您去——提醒呢？或者说，对于家长的要求孩子是否能够做到？有些家长要求6岁的孩子一个人在房间里安静地待一个下午，这几乎是不可能的（或者是非常困难的）。

（2）请您就孩子的一个行为尽量减少提醒的次数。如果您不得不提醒您的孩子别再做某事，不要提醒超过2次。如果您提醒2次后孩子还在做那件事，您就无须再次进行提醒，而是需要使用其他的措施，比如暂停时间 或者剥夺特权。

（3）给孩子树立规矩，如果孩子不遵守，您就要制定惩罚措施并实施。

（4）如果您的孩子非常不安分，那么让他保持兴致。您可以给他频繁更换一些活动。

（5）您忍无可忍的时候，只要孩子的行为不是非常恶劣，请视而不见。

> 我曾经尝试过对我们的孩子实施一次行为计划，但是我丈夫并不以为然，还时常说些泄气的话。如果我丈夫不支持我，这个计划依然能取得一定效果吗？

教育孩子的一个先决条件就是夫妻间达成共识。如果不能做到这点，对孩子进行良好教育就是不可能的，就算进行了教育，也是一种有缺陷的教育。

对于实施行为计划也是同样的道理。您和您丈夫现在的做法正在向孩子传递相互矛盾的信息，这会让孩子失去安全感并且产生不信任感。

如果您的丈夫对这套措施没有信心，或者你们夫妻无法达成一致的话，最好先不要使用这个措施，否则这样会浪费掉一个在未来对你们很有益处的资源。

在教育孩子的其他方面依然会出现这种缺乏支持的情况，但无论如何，我们都建议您努力改善这个先决条件。为此，我们的建议如下：

（1）与您的伴侣就各自对教育孩子的理解始终保持沟通，你们都想要教给孩子什么？想要他怎样做？每天在遇到孩子的问题的时候你们应该怎样一起采取行动？

（2）不要传递给孩子相互矛盾的信息，孩子应该从父母那里得到同样的要求。

（3）如果在一些方面你们无法达成共识，请避免当着孩子的面争论。

> 我儿子非常叛逆。有时我会采取"剥夺特权"这一措施，但是他总告诉我他无所谓。我该怎么办才好？

家长采用剥夺特权这些约束措施不是让孩子受罪，而是教育他，消除孩子不良行为的同时巩固那些好的行为——即使有时这样做的确会让孩子不好受。

所以，您可以继续采取这个措施，同时您不妨试试下面的建议。

检查一下您是否正确地采取了这个措施。如果您滥用了您的权力或者对孩子进行了人身攻击，那么孩子那样冷漠的回答或许不无道理。

再深入一点去分析：孩子为什么如此叛逆？——毕竟孩子那样的回答多少夹杂着一些对家长的指责。

> 我们的女儿5岁了,她时常用不正确的方式来回应我和她妈妈。我们为此采取了行为计划,已经一周了,她的行为并没有任何改善。我们是否应该提前放弃这个计划?

我们不建议您放弃。这样做家长会向孩子传递一个信息:一旦孩子抵触,家长就会放弃。这样做会让孩子习惯于拒绝家长对他的任何教育。

或许你们要做的只是改善一下计划中的一些细节,以下是一些建议:

(1)用更积极的词语来描述孩子要纠正的行为。比如,相比"不要用不好的方式来回应爸爸妈妈",更好的一种说法是"要用这样的方式来回应爸爸妈妈"。同时,在计划中你们应明确给出相关要求。

(2)记录下孩子这样的行为。不好好回答爸爸妈妈的话是一种很常见的问题,在很多情况下都会发生。请你们详细地记录这些行为发生的具体情况,一定会有一些典型案例导致孩子频繁出现这种行为。在计划中,你们可以先只针对这些典型案例即可。

比如,如果您叫您的女儿吃晚饭的时候她不好好回答您,就可以告诉她:"每次我叫你来的时候,如果你在10秒钟之内过来的话,我就给你的日历上贴一个可爱的太阳。"以后您也可以把这个方法应用到其他情况中。

另一方面,行为计划也应该结合其他教育方法一同使用。如果您的女儿出现了以下情况,请结合其他教育方法实行行为计划。

(1)给孩子树立好榜样。注意夫妻之间以及你们对孩子回应的方式。其实孩子一直在旁观察这些回应的方式,而且她会模仿大部分你们采用的方式。

(2)你们需要明确地告诉孩子她在这些典型的情况下应该怎样做。或者说,清楚地告诉孩子你们希望她在这种情况下怎么做。

(3)当孩子以对的方式回复了你们时,你们一定要表扬他,要对此表现出满意。这无疑是用来告诉她,你们最想要她怎么做的最好方式。

我的情况更具体:我要是不跟我儿子瞪眼睛,他是不会做作业的。这种情况下我可以采取什么措施?

对于所有的行为问题，我们都要将积极措施与约束措施相结合才能达到效果。

这是一个非常普遍的问题，需要系统性的治疗，但是由于篇幅问题，我们不便在这里展开赘述。我们总结了以下几条建议，供您参考：

（1）孩子学习的时间要有限，不可以让他一直学下去，应该有一个开始的时间和一个结束的时间。就算到时间了，孩子还没有写完全部作业，也要让他停止，不准他一直写下去。

（2）开始学习的时候，您要跟孩子一起看一下要完成的作业：标出那些需要孩子独立完成的练习和那些可能需要家长帮助的练习。让孩子独立完成他会做的全部练习，同时不要过多理睬孩子的帮助请求。

（3）您晚点再帮助他做那些他不会的练习。如果大部分的作业孩子都不会，并且这种情况经常发生，请跟他的老师沟通。您要跟老师说明情况，因为您的孩子可能遇到了学习障碍并且需要其他方面的帮助。

> 很多时候我们都不会兑现我们之前向孩子承诺过的那些惩罚措施。这样真的不好吗？

如果家长只是偶尔不去实现那些他们向孩子承诺的惩罚措施,作为例外,倒也无妨。偶尔几次不会有大问题,但即使如此,您也要向孩子说明当时不惩罚他的原因。

　　但是,如果这个偶然现象变成了家长的常态,那么的确是有害而无利的,原因如下:

　　起初,孩子们常会感到不解,甚至会因家长的举动而感到惊讶——他们认为家长要求他们做的所有事都是对的。

　　同时,这也给孩子传递了一个信息:家长说话不算数,而且也许他们自己也不守规矩。对于年龄更大的孩子来说,可能会让孩子认为自己的家长很软弱,不能坚持他们自己确立的规矩。

　　接着,因为孩子不知道到底该遵守什么规则,就会开始不守规矩,希望这次的行为也不会带来惩罚。

　　最后,等家长再想要求孩子守规矩时,那可就非常困难了。孩子会以自己不正确的态度(或行为)来改变家长的决定,变得更叛逆、不听话。久而久之,随着孩子年龄渐长,家长会完全失去话语权。

> 我惩罚了我的孩子,但是我先生回来以后经常原谅孩子或者劝说我也原谅孩子。我们这样做对吗?

您和您先生这样做是不对的,你们应该尽早纠正这一态度。否则你们会造成以下后果。

失去权威性,会让孩子以为家里爸爸说了算,您看起来像一个下属。

让孩子接收到矛盾的信息:妈妈有妈妈自己的规矩,爸爸有爸爸自己的规矩。

你们在孩子面前扮演了不同的角色:妈妈的角色是非常严格的、不妥协的;爸爸的角色永远是老好人并且很惹人爱。这样除了有失公正,在教育的结果上也会是适得其反的。

因此,如果妈妈对孩子采取一些措施,爸爸在回来后应该支持妈妈的决定和做法。

如果这种情况时有发生,您还可以采用另一个方式,那就是在爸爸回来之前就采取惩罚措施。

无论怎样,这些措施不能影响爸爸跟孩子安静地相处。比如,让孩子去睡觉或者让他们待在房间里很久不出来。

我女儿又给了我一份惊掉大牙的电话费账单,这已经是第二次了,我该怎么办?

您应该采取措施了,否则还会有第三次。您可以将本书中提到的措施结合使用。对此,我们建议您:

(1)采用斥责这一措施。这种情况您应该严厉地批评孩子,让她明白她的所作所为是不对的,不可以再这样做了,同时还应该明明白白地告诉她这样做会带来什么后果。

(2)除了斥责孩子,也需要让孩子承担后果。她应该自己出钱去支付这个月的电话费,或者至少尽力去支付一部分,当然是用她自己的储蓄,或者扣除她每月的零用钱、减少每个月原本要买给她的东西。

(3)除了前两项措施外,您还应该一并使用剥夺特权法。在这种情况下,自然是要没收她的手机一段时间,直到她至少支付了账单中的一部分费用。

如果您连这些措施都做不到的话,那么毫无疑问,您的女儿一定还会由着她自己的性子随意使用手机的。

> 我们的女儿4岁了,她是唐氏综合征患者。我们非常担心她的教育。这本书中介绍的约束措施对我们的女儿有用吗?

当然有用。"解决孩子成长难题的八堂国际训练课"丛书中的内容同样适用于患有唐氏综合征或者患有其他疾病的孩子。

对于那些有智力缺陷的孩子，改善他们的适应能力和自主性成为首要目标。为此，特殊教育专家建议采用我们上面介绍过的那些约束措施，特别是要结合我们在本套丛书的其他书中介绍的基础教育措施一起使用。

对于这些特殊的孩子，与普通孩子相比，在采用这个措施时唯一的区别是，家长应该更系统、更持续地采用这些措施，同时家长也应认识到：或许需要更多的时间才能达到相同的效果。

> 我们认为惩罚我们5岁的儿子无异于让他受罪，所以我们下不去手。这会伤害他吗？

当家长因为孩子的健康问题不得不让他接受手术治疗的时候，即使手术会让孩子十分痛苦，也应该毫不犹豫。因为他们知道从长远看，这对孩子是有益的。

教育亦然。当家长应该采取教育措施来教育孩子的时候，却不这样做，就是在伤害孩子。

教育孩子需要将被动的约束措施和主动的、积极的措施相结合，但是无论采取何种措施，教育都是必需的。

然而，经验告诉我们，当家长已经正确地采取了所有主动教育措施的时候，采用被动约束的情况就会大大减少，远远少于我们的想象，因为此时孩子已经学会如何正确地表达自己了。

> 我们的女儿3岁了，有时候特别淘气。这时候我们采取这种措施是不是为时尚早？

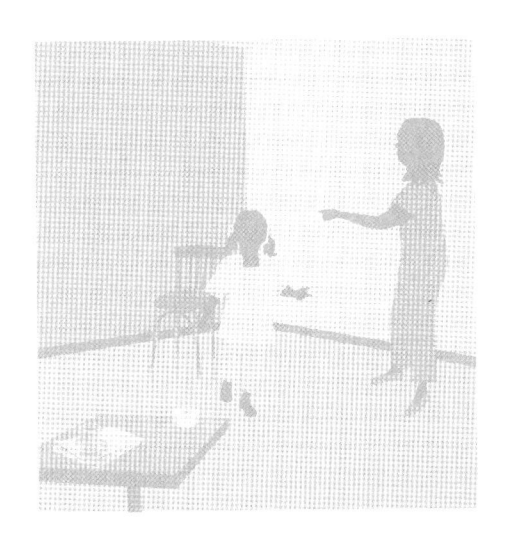

对孩子的教育其实从孩子出生那一刻就应该开始了。3岁的孩子已经不小了。我们越早开始系统地教育孩子，效果就会越好，家长和孩子都会减少很多痛苦。

本书中建议的所有方法和措施都适用于3到12岁的孩子。

在进行操作的时候，家长需要注意的是要按照孩子的年龄来采取对应的措施，要正确地采取这些措施并且将它们与主动的教育措施相结合。

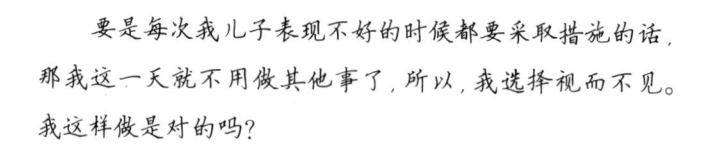

> 要是每次我儿子表现不好的时候都要采取措施的话，那我这一天就不用做其他事了，所以，我选择视而不见。我这样做是对的吗？

有的时候，我们确实建议家长对孩子的行为视而不见，甚至我们也建议家长保持心平气和，因为有些孩子确实会让人筋疲力尽。

我们建议您最好：

（1）请您把精力和措施都专注于孩子的某些行为，甚至必要时可以只从孩子的一个行为开始。

（2）请以系统的方式教育孩子：教孩子他该怎样做；在孩子做得对的时候表扬他；给孩子树立榜样；当孩子不守规矩的时候采用约束措施……但以上措施只针对您现在正在帮孩子消除的这一个问题行为。

（3）对于孩子的其他行为，您可以采取提醒注意和斥责的措施来纠正。

这样一来，您会发现每当您改善了孩子的某一个单独的行为时，孩子的整体行为也会得到改善——因为家长的教育方式也是随之改善的。

> 我们的儿子今年8岁了，刚被确诊为多动症。对于该怎样教育他，我们目前不知所措。我们是否应该对他采用约束措施呢？

患有多动症的孩子会出现不同的行为表现。有些孩子会特别好动且冲动，也有一些则表现出注意力方面的障碍。

无论是哪种情况，本书所建议的措施在提出之时都考虑到了，所以这些措施对于这类特殊人群依然有效，本套丛书中所推荐的其他方法也是这样。

对于患有多动症的孩子，家长应该更系统、更持之以恒地采取措施。在很多情况下，家长需要根据孩子的具体情况来制定措施，并且应该在某些措施的实施上要更为持之以恒，比如行为计划。

此外，家长也应该结合其他主动且更有效的措施和策略，比如自我引导法或者其他技巧。

> 为什么我们的孩子在学校的表现非常棒，但是在家时，我们却对他束手无策呢？

这是常有的事情，也是一个症状，提示您的教育方法或家庭环境需要改善。

学校对于孩子来说是一个相当有纪律并可预见的环境：有明确、具体的规定来时刻约束着孩子，一旦越界，他们一定会受到惩罚。

家对孩子来说很可能就不是这样了。有时家里的规矩既不明确，也不具体。家长对自己的要求也没有连贯性。来自方方面面的压力和仓促感迫使家长逐渐失去耐心，最终不利于家长开展这些主动的教育措施，比如表扬或者主动倾听孩子。

请时刻检查您的措施,因为您可能正在采用错误的方式来教育孩子,应该及时改正它。

> 当我在非常生气的时候会对孩子大吼大叫,或者告诉他我会如何惩罚他,然而这些措施都是不大可行的,所以之后我又不得不选择原谅他。我该怎么办?

您所描述的情况在家长教育孩子时很常见,但您的做法并不正确,需要加以纠正,所以我们建议您:

(1)惩罚措施不是取决于您的忍耐力或者承受力,而是取决于已经制定好的规矩和孩子的表现。不然,您忍耐力好的时候就能多容忍孩子一些,您耐心不足的时候就没法那么容忍孩子了。

(2)在孩子不遵守规矩的时候,您要采取惩罚措施,否则孩子会明知故犯。

(3)请您在可预见的情况下提前制定好惩罚措施,这些措施要与家里的规矩和孩子往常的表现相结合。这样一来您就无须在不合适的时候"现场发挥"了。

> 我们的孩子是领养的,当不得不对5岁的养女采取约束措施的时候,我们会感到很没有信心,也很讨厌这样,因此经常放弃惩罚她。这正常吗?

无论是养父母还是亲生父母都经常会面临这一难题：在不得不对孩子采取惩罚措施的时候，父母感到没有信心或者非常煎熬。

　　对于养父母来说，他们的不自信源自担心孩子会拒绝或者责怪自己。一般来说，孩子在接受措施的时候是没有什么差别的。

　　请你们这样想：爱是严格要求。请你们记住，教育才是从长远角度对孩子最好的，就算有时会伴有阵痛。如果你们对于孩子十分纵容，那就不是好家长。因为不用多久你们就会发现这样会对孩子造成伤害。

　　因此，我们建议你们正确地教导你们的孩子，并结合本书中建议的主动教育手段，同时放下你们的不安。

> 您提出的那些建议看上去确实很有道理，但是我们夫妻俩都在工作，并且我们的生活压力很大，所以，结合我们的实际情况，我们认为您给出的方法对我们来说是不可行的。您还有其他建议吗？

教育孩子向来是一项费神又需要时间、努力和牺牲的任务。在这项任务中家长的角色是不可替代的。

生育一个孩子并且教育他成人是家长的自由决定，但这个决定意味着很多责任。请您审视您的价值观并衡量您生活中的重点。既然有了孩子，建议您把教育孩子放在首位并且要持之以恒地将这件事做下去。

> 我们已经对我们7岁的儿子使出了浑身解数，但是毫无效果。我们甚至想过带他去看心理医生。我们该怎么办？

虽然很多家长说"他们已经什么方法都尝试过了，但没有取得任何作用"，其实这种表达并不太准确。

您所提到的问题同样也有很多家长提出过。对于这种情况，我们给出的建议如下：

（1）很多时候，"尝试过所有"不代表您做得都是对的。无论是约束孩子还是教育孩子的措施，在操作过程中都需要满足（遵循）一系列的条件（规则），然而有些家长并没有按照应有的步骤进行操作。请您重新检查一下您是如何操作的，并进行必要的改进。

（2）很多措施是需要一定时间才能起效的。我们所说的需要时间主要指两个方面：一是要日复一日持之以恒地使用；二是要保证采取的措施有一定的实施时长，一般而言是几个月。

（3）有时，孩子的问题比看起来更严重，或者家长并没有做到坚持采取教育措施或者没有正确地采取教育措施。此时家长有必要咨询教育专家，请专家对孩子的情况进行深入的评估，并给出治疗方案。

第十四章

问题集

针对家长约束措施的评估

在本章中我们将为大家介绍我们实践章节的第二部分：评估家长约束措施的问题集。

本章节的主要目的是提供一个测试来评估各位家长在教育孩子时所用约束措施的情况。本测试主要是一个整体的、初步的指导性评估，在有效性和可靠性上尚不能与心理教育专业领域的评估相比。

除了测试作用外，本问题集也可用于跟进查看家长的进步。当然，本测试主要是针对那些在初次测试中得分较低的家长，我们也建议你们根据书中的建议对你们的措施进行改进，然后再次进行评估测试。多次评估后即可看出你们是否在教育孩子方面取得了进步。

除问题集操作指导、问题集外，我们也一并提供结果解读和纠正方法，供家长们解读自己的得分情况。

问题集操作指导

本问题集旨在帮助家长们在实施本书提出的约束措施后进行一个简明的评估。

具体步骤是：选出最符合您日常行为方式的选项。您可以参考第一次采用约束措施后近两个月的情况。

如果您已经开始改进自己的教育方式，请在开始改进后再次填写本问题集作为跟进。

问题集

（1）我们的女儿刚刚画完画，桌子上散落着各种绘画用品。我们让她自己收拾好这些，她却不理睬我们。我们该怎么办？

a.我们要坚持并且如必要的话强迫她收拾，但无论如何必须让她自己收拾。

b.我们会重复要求她，如果她不收拾的话，我们会在几天内不让她画画。

c. 我们会批评她，告诉她这样做是不对的，但是最后还是我们来收，只是嘴上说说而已。

d. 我们什么也不说，自己默默收起来。

（2）我们什么时候应该使用"暂停时间"这个措施？

a. 我们经常使用，并且每次都严格遵守关于时间和地点的建议。

b. 我们使用过很多次，但是有时会让孩子待得比建议时间更久些。

c. 我们有时使用，但是会按照我们自己的方式：让他回房间去，他就在那里自己玩。

d. 我们从未对孩子采取过这种措施，或者当我们采取该措施的时候孩子会逃跑，或者不遵守我们的要求。

（3）在使用约束措施方面，最符合您日常做法的是？

a. 我们不总把惩罚挂在嘴上。如果我们决定惩罚孩子，我们一定会直接惩罚。

b. 我们往往会在孩子表现不好的时候惩罚他，但有时我们也会食言。

c. 我们采取的措施仅限于提醒孩子或者斥责孩子，其他约束措施我们几乎不会去采用。

d. 虽然我们想要这样做，但我们几乎从不对孩子采取约束措施。

（4）我们往往怎样提醒孩子注意？

a. 我们一般只会提醒他2到3次，如果他不遵守，我们会采取其他措施。

b. 我们会一直提醒他直到我们不得不采取其他措施。

c. 我们会反复提醒他，但是往往没有任何回应，而最后我们会精疲力竭。

d. 我们很少提醒他。只要他不伤害自己或别人，能让我们安静地做我们的事，我们就随他去。

（5）设想一下，您正在要求您的孩子整理床铺，但孩子总是不照您的意思做或者随便糊弄一下。您会怎样做？

a. 因为孩子总是这样所以我会训练他重复做好几次，直到他能做好。

b. 我会批评他，然后告诉他我会帮助他整理。

c. 我会提醒并批评他，但是最后还是由我来收拾床。

d. 我不可能这么要求我的孩子，我自己做就好了。

（6）如何采用"剥夺特权"措施？

a. 我们经常使用这个措施，虽然我们不会使用很久，但我们一定会采取这个措施。

b. 我们也会使用这个措施，但通常是剥夺孩子好几天的特权后发现并没有什么效果。

c. 有时我们会这样做，但大部分时间我们只是口头威胁一下孩子罢了。

d. 虽然我们有想过，但我们几乎不采取这个措施。

（7）虽然我们已经告诉7岁的儿子很多次了，不要在客厅里玩球，但他还是经常这样做。今天他打碎了玻璃柜。我们该怎么办？

a. 我们会批评他，没收他的球很长一段时间，并且让他赔偿玻璃柜。

b. 我们会责备他，没收他的球并在很长一段时间内忽略他的任性要求。

c. 我们会责备他并且没收他的球一段时间。

d. 我们仅仅责备他，这件事就算过去了。

（8）在超市里儿子闹着要新出的糖果。他已经拿了很多了，只要我们不买他就大发脾气。我们应该怎样做呢？

a. 我们不去关注他，继续买东西直到事情过去。

b. 我们经常无视他的吵闹，除非他闹得非常凶，我们才会给他买糖果。

c. 我们会尝试忽视他，但是如果他一直闹下去，我们还是会买给他。

d. 我们会努力说服他。如果说服不了我们就买给他，这样问题就解决了。

（9）我们会责备孩子吗？

a. 只要他的行为应该被责备，我们一定会认真责备他，让他知道刚才的行为是不对的。

b.我们往往会在没有办法的时候责备他，但是我们责备他的方式很不好。

c.我们会批评他，但是我们的态度不够坚决，导致孩子不往心里去。

d.不，我们不怎么责备孩子。对孩子报以强硬的态度让我们很难接受。

（10）在采取约束措施这方面，以下选项中最符合您平时做法的是：

a.我们会在不得已的时候以及其他主动措施并没有发挥足够效用的时候，采取这些约束措施。

b.只要有必要，我们就会采取这些措施，问题是我们缺乏毅力。

c.我们只有在失去耐心的时候才会采取这些措施，但是我们采取的措施会不太公平，事后我们会反悔。

d.我们从不采取这些约束性措施，我们只会采取主动的方式教导孩子。

结果解读和纠正方法

一旦完成问题集，家长就可以参考下列分值进行打分了：

选项 a = 10 分；

选项 b = 7 分；

选项 c = 4 分；

选项 d = 0 分。

总分在 76 分到 100 分之间，或者大部分选 a。这表明您在约束措施这方面做得非常正确，恭喜您！但请不要放松警惕，要坚持下去！

这时您选择 b 或者 c 的那些题则表明您应该在这些方面进行改善。

如果您已经不是第一次做这个测试，而是作为跟进使用，尤其是当您首次测试成绩低于 46 分，在采取了改善措施的一段时间后获得了本次成绩的话，则说明您的教育方式已经获得了明显的改善。

总分在 60 分到 75 分之间，或者大部分选 b。这说明您所使用的教育方式整体上是正确的，但是在某些方面您需要改进或者需要坚持。

此时，您需要改进的方面即您选择 c 或者 d 的题代表的方面。

我们建议您更系统地采取本书中的措施。

如果您已经不是第一次做这个测试，而是作为跟进使用，尤其是当您首次测试成绩低于46分，在采取了改善措施的一段时间后获得了本次成绩的话，那么您的进步是明显的。

总分在46分到59分之间，或者大部分选c。这说明您在采取这些措施的时候经常会犯错误。您需要尽快纠正您采取措施的方式。

当然，在某些方面您的做法是正确的，比如那些您选a的题代表的方面。

此时，您需要改进的方面很多，看上去您缺乏系统运用这些措施的能力。有可能因为您只停留在口头上，并没有落实到行动上，或者是您操之过急了。

我们建议您逐个完善那些有问题的方面，可以选择从最容易的那个做法开始，并且严格按照本书中建议的操作方法进行。

同时，我们建议您在采取两个月改善措施后再次进行测试，以证明自己在这方面已经取得进步。

如果您在跟进测试中取得了这个成绩，有可能在某方面您有进步，但远远不够。

总分在0分到45分之间，或者大部分选d。这表明您明显没有按照本书的建议采取约束措施。

看上去您的教育方式过于松懈，或者您根本不信任这类约束措施。

也可能是因为您的孩子十分乖巧，并不需要对他采取此类被动措施。

除了上述这种情况外，我们建议您按照本书中的建议，持之以恒地改善自己的教育方式。

最后，我们也建议您在两个月后再次进行测试，以证明您在这期间内取得的进步。

参考书目

• AJURIAGUERRA, J. de (1977), *Manual de psiquiatría infantil* (4ª ed.), Barcelona, Masson.

• ALCANTUD, F. (2003), *Intervención psicoeducativa en niños con trastornos generalizados del desarrollo*, Madrid, Pirámide.

• ASOCIACIÓN AMERICANA DE PSIQUIATRÍA (2002), *DSM–IV–TR. Manual diagnóstico y estadístico de los trastornos mentales* (rev.), Barcelona, Masson.

• EZPELETA, Lourdes (editora) (2005), *Factores de riesgo en psicopatología del desarrollo*, Barcelona, Masson.

• GARBER, S. (1993), *Portarse bien: soluciones prácticas para los problemas comunes de la infancia*, Barcelona, Medici.

• JARQUE, J. (2007), *Cuentos para portarse bien en el colegio*, Madrid, CCS.

• ORJALES, Isabel (2005), *Déficit de atención con hiperactividad: manual para padres y educadores*, Madrid, CEPE.

• PARKER, S. y ZUCKERMAN, B. (1996), *Pediatría del comportamiento y del desarrollo: manual para la asistencia primaria*, Barcelona, Masson.

• REYNOLDS, Cecil R. y KAMPHAUS, R. W. (2004), *BASC, sistema de evaluación de la conducta en niños y adolescentes*, Madrid, Tea–Ediciones.

• URRA, J. (2004), *Escuela práctica para padres: 999 preguntas sobre la educación de tus hijos*, Madrid, La esfera de los libros.

• URRA, J. (2007), *El pequeño dictador*, Madrid, La esfera de los libros.

• MORENO, Alicia y RUANO, Cristobalina (1998), Familia y psicopatología infantil del niño de cero a cinco años, *in* Domènech–Llaberia, Edelmira: *Actualizaciones en psicopatología infantil II*, Barcelona,

Universidad Autónoma.

• QUEROL, Mireia (1998), Agresividad en edad preescolar, *in* Domènech–Llaberia, Edelmira: *Actualizaciones en psicopatología infantil II*, Barcelona, Universidad Autónoma de Barcelona.

• TREPAT, Esther y VALLE, A. (1998), *Temperamento infantil*: concepto y evaluación, *in* Domènech– Llaberia, Edelmira: *Actualizaciones en psicopatología infantil II*, Barcelona, Universidad Autónoma de Barcelona.

• BETANCOURT–FURSOW DE JIMÉNEZ, Y. M. y otros (2006), Trastorno por déficit de atención e hiperactividad y trastornos del sueño, *Revista de Neurología, 42* (supl – 2) S 37– S 51.

• RIGAU–RATERA, E ., GARCÍA–NONELL, C. y ARTIGAS–PALLARÉS, J. (2006), Tratamiento del trastorno de oposición desafiante, *Revista de Neurología*, 42 (supl – 2) 283–288.